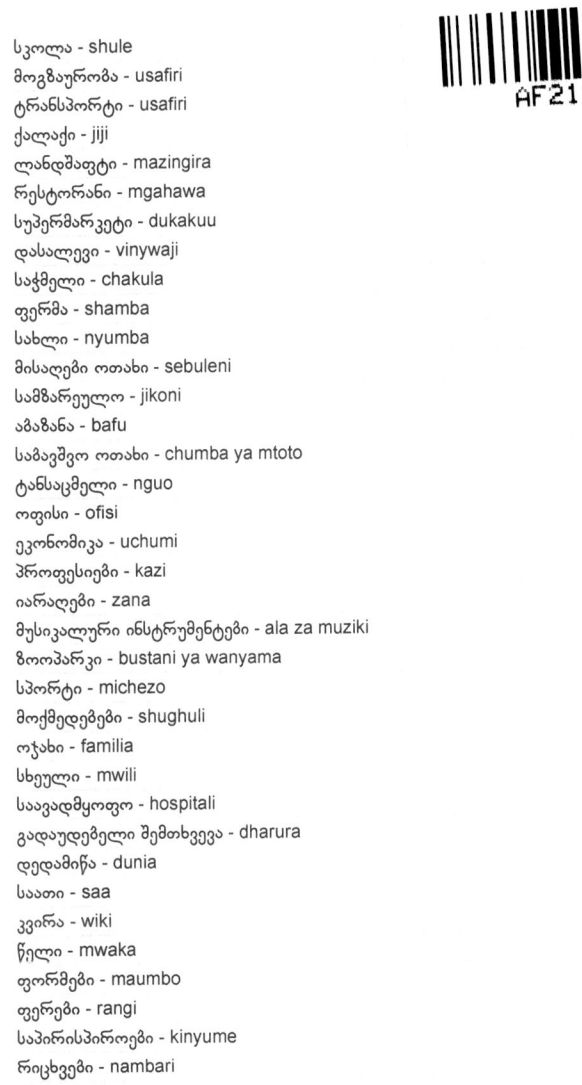

Impressum
Verlag: BABADADA GmbH, Nedderfeld 112 , 22529 Hamburg
Geschäftsführer / Verlagsleitung: Harald Hof
Druck: Books on Demand GmbH, In de Tarpen 42, 22848 Norderstedt

Imprint
Publisher: BABADADA GmbH, Nedderfeld 112 , 22529 Hamburg, Germany
Managing Director / Publishing direction: Harald Hof
Print: Books on Demand GmbH, In de Tarpen 42, 22848 Norderstedt

სკოლა

shule

საკლასო ოთახი
sajili
გაყოფა
kugawanya
186/2
დაფა
ubao
სკოლის ეზო
მასწავლებელი
mwalimu
ქაღალდი
karatasi
წერა
kuandika
კალამი
kalamu
მაგიდა
dawati
სახაზავი
rula
წიგნი
kitabu
მოსწავლე
mwanafunzi

ზურგჩანთა
mkoba

პენალი
kikasha cha penseli

ფანქარი
penseli

ფანქრების სათლელი
kichonga penseli

საშლელი
mpira

ნახატების ალბომი
pedi ya kuchora

ნახატი
uchoraji

ფუნჯი
brashi ya rangi

საღებავის ყუთი
sanduku la rangi

მაკრატელი
mkasi

წებო
gundi

სავარჯიშო რვეული
daftari

საშინაო დავალება
kazi ya nyumbani

12

ნომერი
nambari

2+2

დამატება
jumlisha

5-2

გამოკლება
ondoa

2×2

გამრავლება
zidisha

გამოთვლა
kokotoa

A

წერილი
barua

ABCDEFG
HIJKLMN
OPQRSTU
VWXYZ

ანბანი
alfabeti

hello

სიტყვა
neno

ტექსტი

maandishi

წაკითხვა

kusoma

ცარცი

chaki

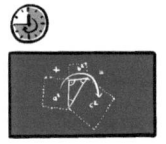

გაკვეთილი

somo

რეგისტრაცია

sajili

გამოცდა

uchunguzi

სერტიფიკატი

cheti

სკოლის ფორმა

sare za shule

განათლება

elimu

ენციკლოპედია

elezo

უნივერსიტეტი

chuo kikuu

მიკროსკოპი

darubini

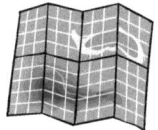

რუქა

ramani

კალათა ნარჩენი ქაღალდებისათვის

kikapu cha kuweka karatasi chafu

სასტუმრო
hoteli
ჰოსტელი
hosteli
ვალუტის გადაცვლის პუნქტი
ofisi ya ubadilishanaji
ჩემოდანი
sanduku
მანქანა
gari

ენა

lugha

კი / არა

ndiyo / la

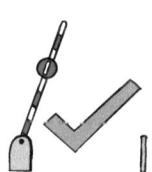

კარგი

sawa

გამარჯობა

hujambo

მთარგმნელი

mtafsiri

გმადლობთ

Asante

რა ღირს... ?

kiasi gani ni ...?

ვერ გავიგე

Sielewi

პრობლემა

tatizo

აღამო მშვიდობისა!

Jioni njema!

დილა მშვიდობისა!

Habari za asubuhi!

ღამე მშვიდობისა!

Usiku mwema!

ნახვამდის

kwa heri

მიმართულება

mwelekeo

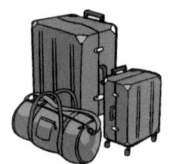

ბარგი

mizigo

ჩანთა

mfuko

ზურგჩანთა

shanta

სტუმარი

mgeni

ოთახი

chumba

საძილე ტომარა

begi la kulalia

კარავი

hema

ტურისტული ინფორმაცია

taarifa ya utalii

სანაპირო

ufuo

საკრედიტო ბარათი

kadi

საუზმე

kifunguakinywa

ლანჩი

chakula cha mchana

ვახშამი

chakula cha jioni

ბილეთი

tiketi

ლიფტი

kuinua

საფოსტო მარკა

muhuri

საზღვარი

mpaka

საბაჟო

mila

საელჩო

ubalozi

ვიზა

visa

პასპორტი

pasipoti

ტრანსპორტი

usafiri

თვითმფრინავი
ndege
გემი
meli
სახანძრო მანქანა
injini ya moto
ავტობუსი
basi
სატვირთო მანქანა
lori
მოტორიზებული ნავი
motaboti
ველოსიპედი
baiskeli
მანქანა
gari

ბორანი

feri

ნავი

mashua

მოტოციკლი

pikipiki

პოლიციის მანქანა

gari la polisi

სარბოლო მანქანა

gari la mashindano

დაქირავებული მანქანა

gari la kukodisha

მანქანის ერთობლივი მოხმარება
....
kushiriki gari

საბუქსირე მანქანა
....
lori la kuvuta

ნაგვის მანქანა
....
ukusanyaji taka

ძრავა
....
motor

საწვავი
....
mafuta

ბენზინგასამართი სადგური
....
kituo cha mafuta

საგზაო ნიშანი
....
ishara trafiki

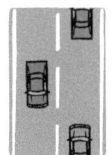

მოძრაობა
....
trafiki

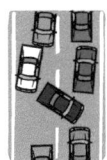

საცობი
....
msongamano

მანქანის სადგომი
....
maegesho

მატარებლის სადგური
....
kituo cha treni

ლიანდაგები
....
reli

მატარებელი
....
garimoshi

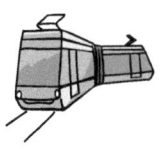

ტრამვაი
....
tremu

ვაგონი
....
gari la mizigo

ვერტმფრენი

helikopta

აეროპორტი

uwanja wa ndege

კოშკი

mnara

მგზავრი

abiria

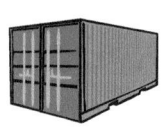

კონტეინერი

chombo

მუყაოს ყუთი

katoni

ურიკა

mkokoteni

კალათა

kikapu

აფრენა / დაშვება

ondoka

ქალაქი

jiji

სოფელი

kijiji

ქალაქის ცენტრი

katikati ya jiji

სახლი

nyumba

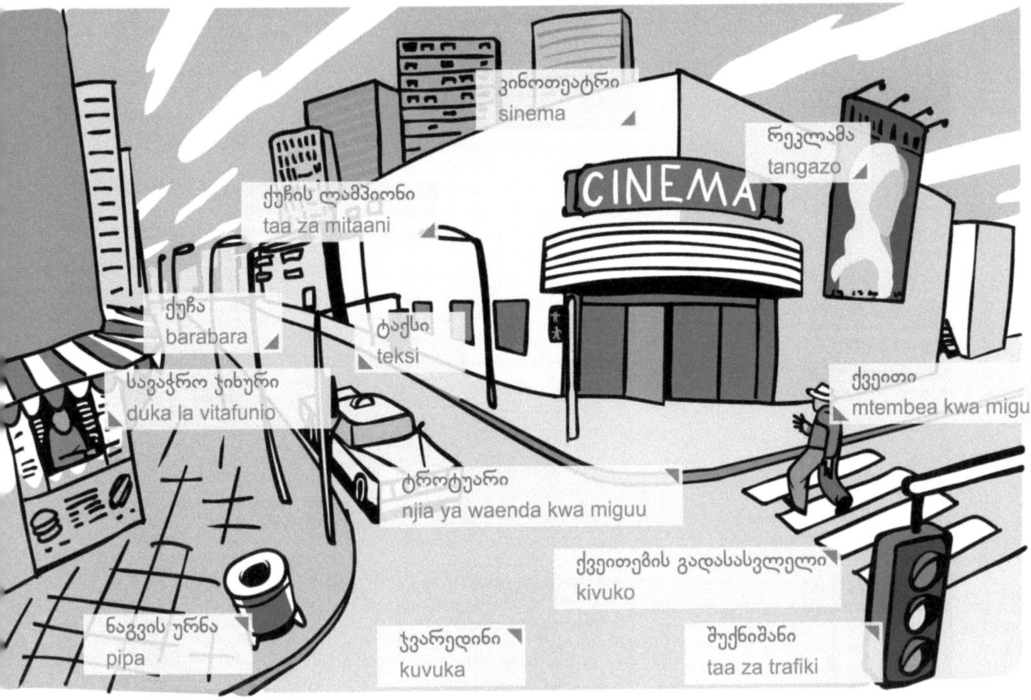

კინოთეატრი
sinema
CINEMA
რეკლამა
tangazo
ქუჩის ლამპიონი
taa za mitaani
ქუჩა
barabara
ტაქსი
teksi
სავაჭრო ჯიხური
duka la vitafunio
ქვეითი
mtembea kwa migu
ტროტუარი
njia ya waenda kwa miguu
ქვეითების გადასასვლელი
kivuko
ნაგვის ურნა
pipa
ჯვარედინი
kuvuka
შუქნიშანი
taa za trafiki

ქოხი

kibanda

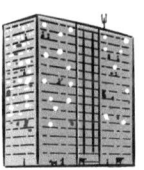

ბინა

gorofa

მატარებლის სადგური

kituo cha treni

მუნიციპალიტეტი

ukumbi wa mji

მუზეუმი

Makavazi

სკოლა

shule

უნივერსიტეტი

chuo kikuu

ბანკი

benki

საავადმყოფო

hospitali

სასტუმრო

hoteli

აფთიაქი

duka la dawa

ოფისი

ofisi

წიგნების მაღაზია

duka la kitabu

მაღაზია

duka

ფლორისტი

duka la maua

სუპერმარკეტი

dukakuu

ბაზარი

soko

მაღაზიის განყოფილება

idara ya kuhifadhi

თევზის გამყიდველი

mwuza samaki

სავაჭრო ცენტრი

kituo cha ununuzi

ნავსადგომი

bandari

პარკი

Hifadhi

გრძელი სკამი

benki

ხიდი

daraja

კიბეები

vidato

მიწისქვეშა გადასასვლელი

chini ya ardhi

გვირაბი

handaki

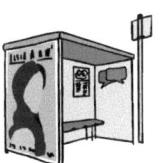

ავტობუსის გაჩერება

kituo cha mabasi

ბარი

bar

რესტორანი

mgahawa

საფოსტო ყუთი

sanduku la posta

ქუჩის ნიშანი

ishara ya barabara

პარკინგის საზომი

mita ya maegesho

ზოოპარკი

bustani ya wanyama

საცურაო აუზი

kidimbwi cha kuogelea

მეჩეთი

msikiti

ქალაქი - jiji

ფერმა

shamba

გარემოს დაბინძურება

uchafuzi

სასაფლაო

makaburini

ეკლესია

kanisa

საბავშვო მოედანი

uwanja wa michezo

ტაძარი

hekalu

ლანდშაფტი

mazingira

ფოთოლი
jani
გზის მანიშნებელი ნიშანი
ishara ya mwelekeo
გზა
njia
მდელო
malisho
ქვა
jiwe
მოგზაური
mtembeaji wa masafa
ხე
mti
მდინარე
mto
ბალახი
nyasi
ყვავილი
ua

ხეობა
....
bonde

გორაკი
....
kilima

ტბა
....
ziwa

ტყე
....
msitu

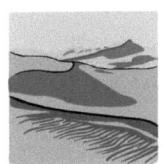

უდაბნო
....
jangwa

ვულკანი
....
volkano

ციხე
....
ngome

ცისარტყელა
....
upinde wa mvua

სოკო
....
uyoga

პალმა
....
mtende

კოღო
....
mbu

ბუზი
....
kuruka

ჭიანჭველა
....
chungu

ფუტკარი
....
nyuki

ობობა
....
buibui

ხოჭო

mende

ბაყაყი

chura

ციყვი

kuchakuro

ზღარბი

nungunungu

კურდღელი

sungura

ბუ

bundi

ფრინველი

ndege

გედი

swan

ტახი

nguruwe mwitu

ირემი

kulungu

ცხენ-ირემი

aina ya kongoni

კაშხალი

bwawa

ქარის ტურბინა

tabo ya upepo

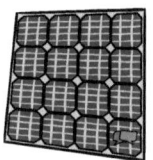

მზის ბატარეა

nishaji ya jua

კლიმატი

hali ya hewa

რესტორანი

mgahawa

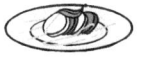

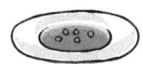

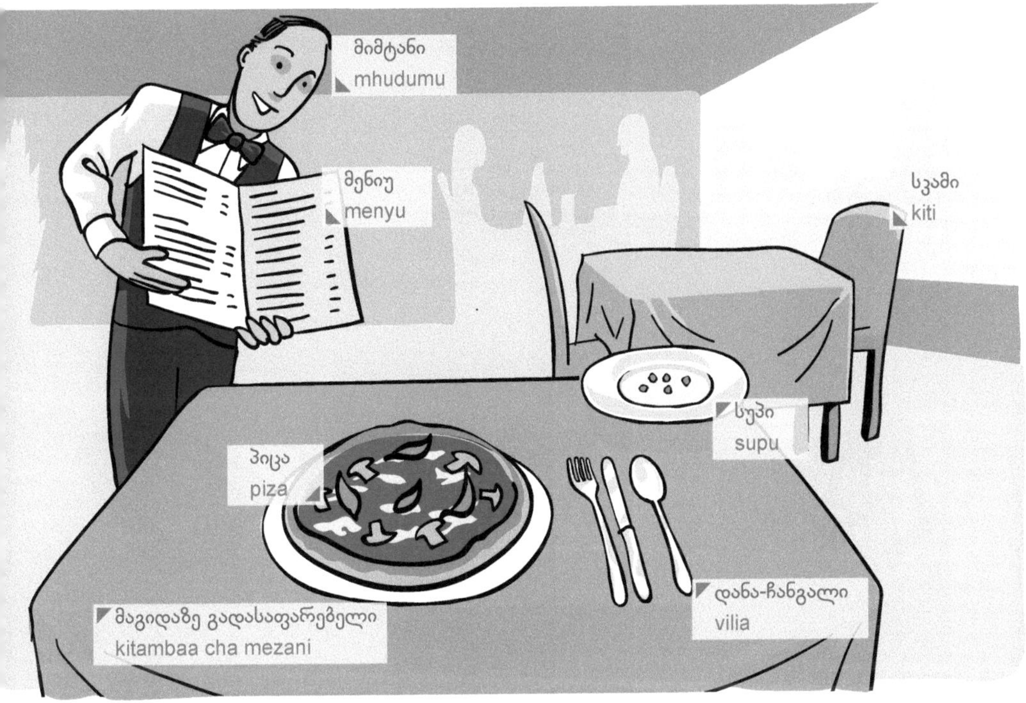

მიმტანი
mhudumu
მენიუ
menyu
სკამი
kiti
სუპი
supu
პიცა
piza
დანა-ჩანგალი
vilia
მაგიდაზე გადასაფარებელი
kitambaa cha mezani

საუზმე

kiamsha hamu

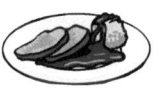

მთავარი კერძი

kozi kuu

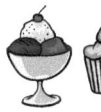

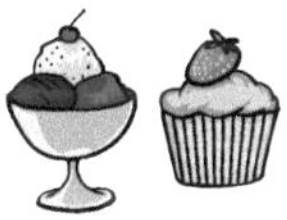

დესერტი

kitindamlo

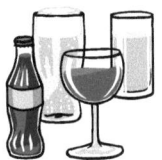

დასალევი

vinywaji

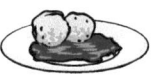

საჭმელი

chakula

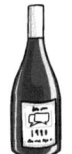

ბოთლი

chupa

სწრაფი კვება

chakula cha haraka

ქუჩის საჭმელი

Streetfood

ჩაიდანი

buli

საშაქრე

kisanduku cha sukari

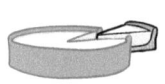

პორცია

sehemu

ესპრესოს მანქანა

mashine ya espresso

მაღალი სკამი

kiti kirefu

ანგარიში

muswada

ლანგარი

trei

დანა

kisu

ჩანგალი

uma

კოვზი

kijiko

ჩაის კოვზი

kijiko cha chai

ხელსახოცი

nepi

ჭიქა

glasi

რესტორანი - mgahawa

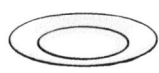

თეფში
sahani

სუპის თეფში
sahani ya supu

ჩაის ლამბაქი
sufuria

საწებელი
mchuzi

სამარილე
kichanyaji chumvi

წიწაკის საფქვავი
kinu cha pilipili

ძმარი
siki

ზეთი
mafuta

სანელებლები
viungo

კეტჩუპი
kechapu

მდოგვი
haradali

მაიონეზი
kachumbari nzito

სუპერმარკეტი
dukakuu

სპეციალური შეთავაზება
ofa maalum
FOR
მომხმარებელი
mteja
რძის ნაწარმი
maziwa
ხილი
matunda
ურიკა
toroli

საყასბო
mchinjaji

საცხობი
mwokaji

აწონვა
uzito

ბოსტნეული
mboga

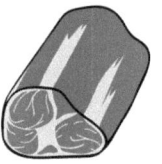

ხორცი
nyama

გაყინული საკვები
chakula waliohifadhiwa

გრილი ხორცი

vipande vya nyama baridi

კონსერვები

chakula cha kopo

სარეცხი ფხვნილი

sabuni ya unga

ტკბილეული

pipi

საყოფაცხოვრებო პროდუქტები

bidhaa za kaya

სარეცხი საშუალებები

bidhaa za kusafisha

გამყიდველი

mtu mauzo

სალარო

mpaka

მოლარე

keshia

საყიდლების სია

orodha ya manunuzi

მუშაობის საათები

masaa ya ufunguzi

პორტმანი

mkoba

საკრედიტო ბარათი

kadi

ჩანთა

mfuko

პლასტიკური პარკი

mfuko wa plastiki

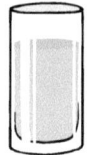

დასალევი

vinywaji

წყალი

maji

წვენი

sharubati

რძე

maziwa

კოკა-კოლა

coke

ღვინო

mvinyo

ლუდი

bia

ალკოჰოლი

pombe

კაკაო

kakao

ჩაი

chai

ყავა

kahawa

ესპრესო

spreso

კაპუჩინო

kapuchino

ბანანი

ndizi

ვაშლი

tufaha

ფორთოხალი

machungwa

საზამთრო

tikiti

ლიმონი

lemon

სტაფილო

karoti

ნიორი

kitunguu saumu

ბამბუკი

mianzi

ხახვი

kitunguu

სოკო

uyoga

კაკალი

karanga

ატრია

nudo

სპაგეტი

spageti

ბრინჯი

mpunga

სალათი

saladi

ჩიპსები

vibanzi

შემწვარი კარტოფილი

viazi vya kukaanga

პიცა

piza

ჰამბურგერი

hambaga

სენდვიჩი

sandwichi

კოტლეტი

kipande

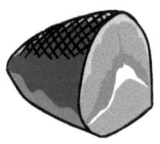

ლორი

paja la mnyama

სალიამი

salami

ძეხვი

soseji

წიწილა

kuku

შემწვარი ხორცი

choma

თევზი

samaki

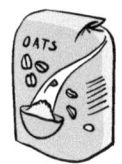

შვრიის ფაფა

oats ya uji

მუსლი

muesli

სიმინდის ფანტელები

cornflakes

ფქვილი

unga

კრუასანი

kroisanti

ბულკი

andazi

პური

mkate

ტოსტი

mkate wa kubanika

ნამცხვრები

biskuti

კარაქი

siagi

ხაჭო

maziwa mgando

ტორტი

keki

კვერცხი

yai

ერბო-კვერცხი

yai kukaanga

ყველი

jibini

ნაყინი
aiskrimu

შაქარი
sukari

თაფლი
asali

ჯემი
jemu

შოკოლადის კრემი
kuenea kwa chokoleti

კარი
mchuzi wa viungo

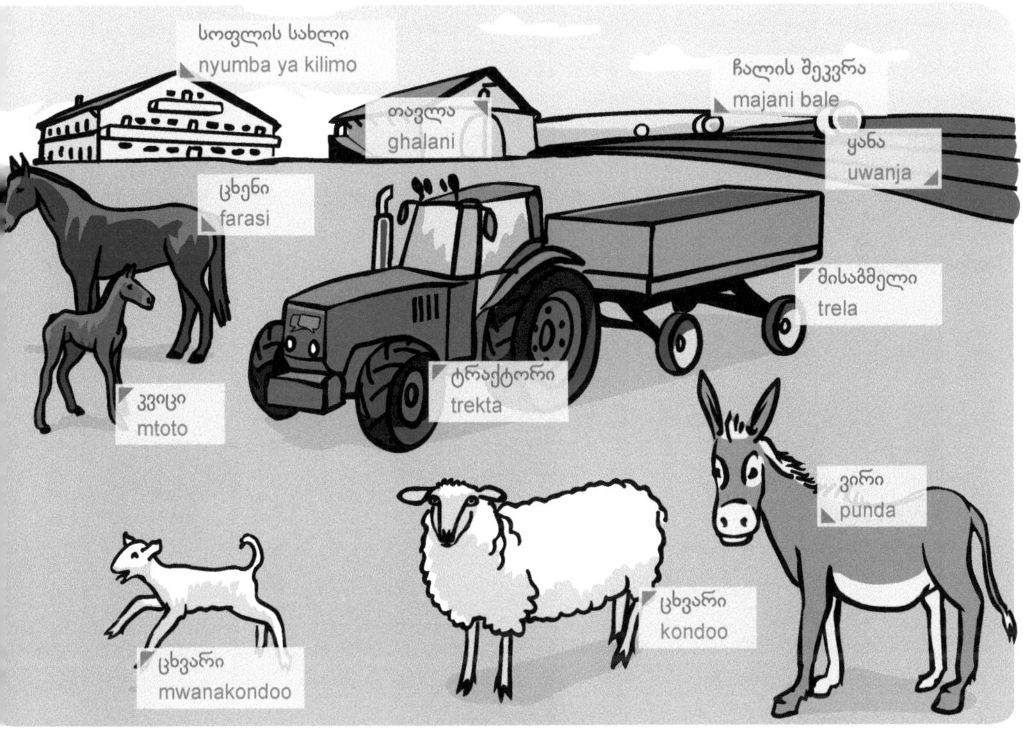

სოფლის სახლი
nyumba ya kilimo

ჩალის შეკვრა
majani bale

თავლა
ghalani

ყანა
uwanja

ცხენი
farasi

მისაბმელი
trela

კვიცი
mtoto

ტრაქტორი
trekta

ვირი
punda

ცხვარი
kondoo

ცხვარი
mwanakondoo

თხა

mbuzi

ძროხა

ng'ombe

ხბო

ndama

ღორი

nguruwe

გოჭი

mwananguruwe

ხარი

fahali

ბატი

batabukini

იხვი

bata

წიწილა

kifaranga

ქათამი

kuku

მამალი

jogoo

ვირთხა

panya

კატა

paka

თაგვი

panya

ხარი

ng'ombe

ძაღლი

mbwa

საძაღლე

nyumba ya mbwa

ბაღის შლანგი

bomba la bustani

საბაღე წურწურა

debe la kumwagilia maji

ცელი

fyekeo

გუთანი

kulima

ნამგალი

mundu

თოხი

jembe

პატივის სახვეტი ჩანგალი

uma wa nyasi

ცული

shoka

მაზიდი

toroli

გობი

kupitia nyimbo

რძის ბიდონი

chombo cha maziwa

ტომარა

gunia

ღობე

ua

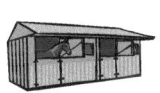

ბოსელი

imara

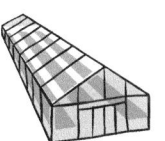

სათბური

chafu

ნიადაგი

udongo

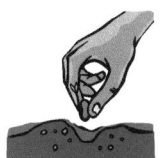

თესლი

mbegu

სასუქი

mbolea

მოსავლის ამღები კომბაინი

kivunaji

მოსავლის აღება

mavuno

მოსავალი

mavuno

იამი

viazi vikuu

ხორბალი

ngano

სოიო

soya

კარტოფილი

viazi

სიმინდი

mahindi

სარეველას თესლი

rapa

ხეხილი

mti wa matunda

მანიოკი

muhogo

მარცვლეული

nafaka

სახლი

nyumba

ბუხარი
chimni
სახურავი
paa
წყალსადინარი მილი
bomba la maji ya mvua
ფანჯარა
dirisha
ავტოფარეხი
gareji
კარის ზარი
kengele ya mlangoni
კარი
mlango
ნაგვის ყუთი
pipa la taka
საფოსტო ყუთი
sanduku la barua
ბაღი
bustani

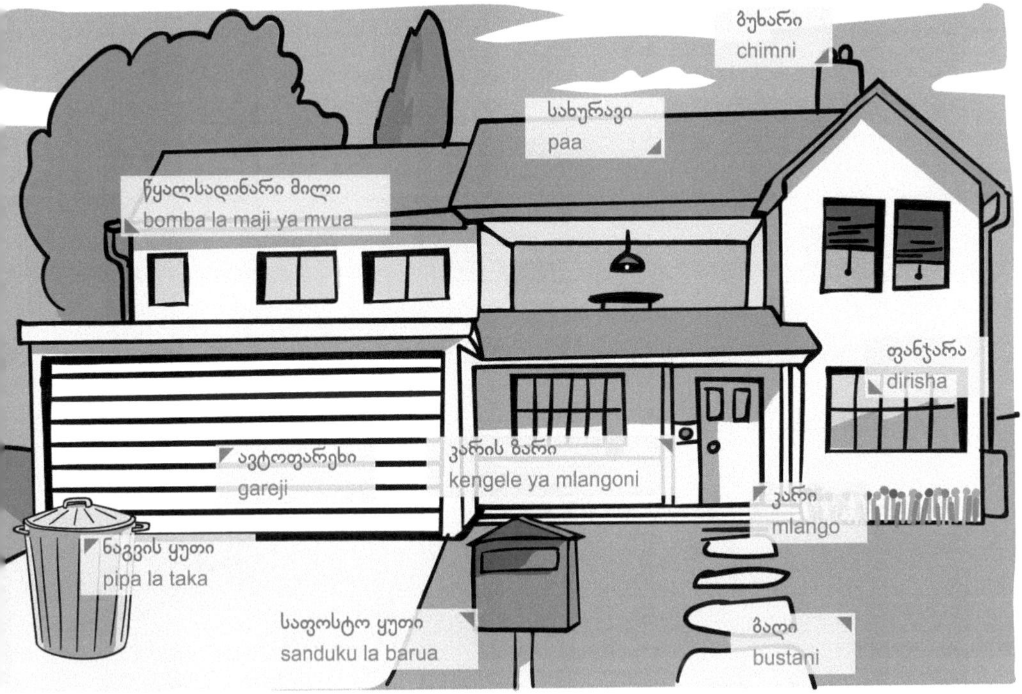

მისაღები ოთახი

sebuleni

აბაზანა

bafu

სამზარეულო

jikoni

საძინებელი

chumba cha kulala

საბავშვო ოთახი

chumba ya mtoto

სასადილო ოთახი

chumba cha kulia

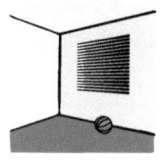

სართული
sakafu

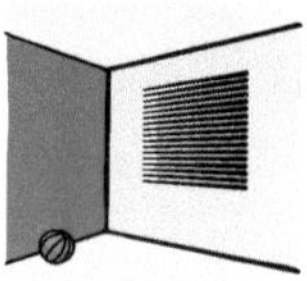

კედელი
ukuta

ჭერი
dari

სარდაფი
pishi

საუნა
sauna

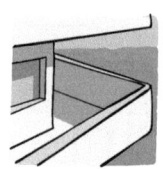

აივანი
roshani

ტერასა
mtaro

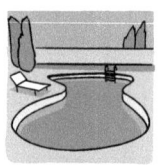

აუზი
kidimbwi

გაზონის საკრეჭი
mashine ya kukata nyasi

საბნის კონვერტი
karatasi

საწოლი
kitambaa cha kupamba
kitanda

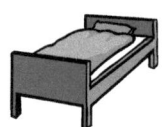

ლოგინი
kitanda

ცოცხი
ufagio

სათლი
ndoo

გადამრთველი
kubadili

მისაღები ოთახი

sebuleni

შპალერი
mandhari
ნახატი
picha
ნათურა
taa
თარო
rafu
კარადა
kabati
ტელევიზორი
televisheni/runinga
ბუხარი
mekoni
ყვავილი
ua
ბალიში
mto
დივანი
sofa
ვაზა
chombo cha maua
დისტანციური მართვა
kitenzambali

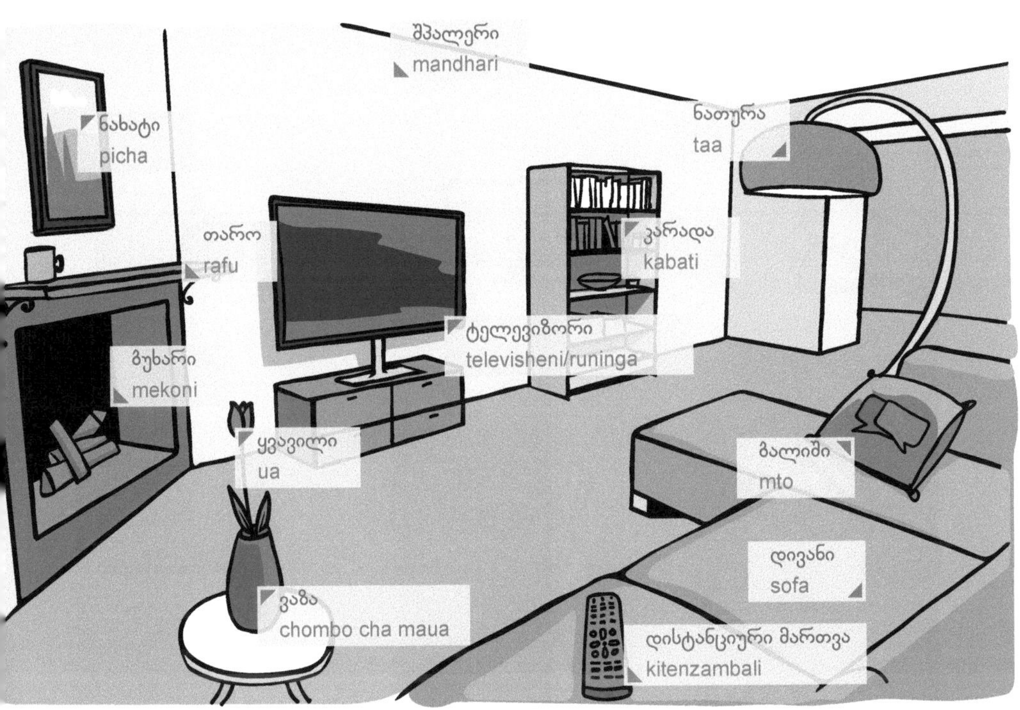

ხალიჩა

zulia

ფარდა

pazia

მაგიდა

meza

სკამი

kiti

სარწეველა სკამი

kiti cha bembea

სავარძელი

armchair

წიგნი
kitabu

საბანი
blanketi

დეკორაცია
mapambo

შეშა
kuni

ფილმი
filamu

hi-fi მოწყობილობები
kifaa cha hi-fi

გასაღები
ufunguo

გაზეთი
gazeti

ფერწერა
uchoraji

პლაკატი
bango

რადიო
redio

ბლოკნოტი
daftari

მტვერსასრუტი
kifyonza

კაქტუსი
dungusi kakati

სანთელი
mshumaa

სამზარეულო
jikoni

მაცივარი
jokofu
მიკრო-ტალღური ღუმელი
kikanza
სამზარეულოს სასწორი
wadogo jikoni
ტოსტერი
kibaniko
სარეცხი საშუალება
sabuni
ღუმელი
stovu
საყინულე
friza
ნაგვის ყუთი
pipa la taka
ჭურჭლის სარეცხი მანქანა
mashine ya kuoshea vyombo

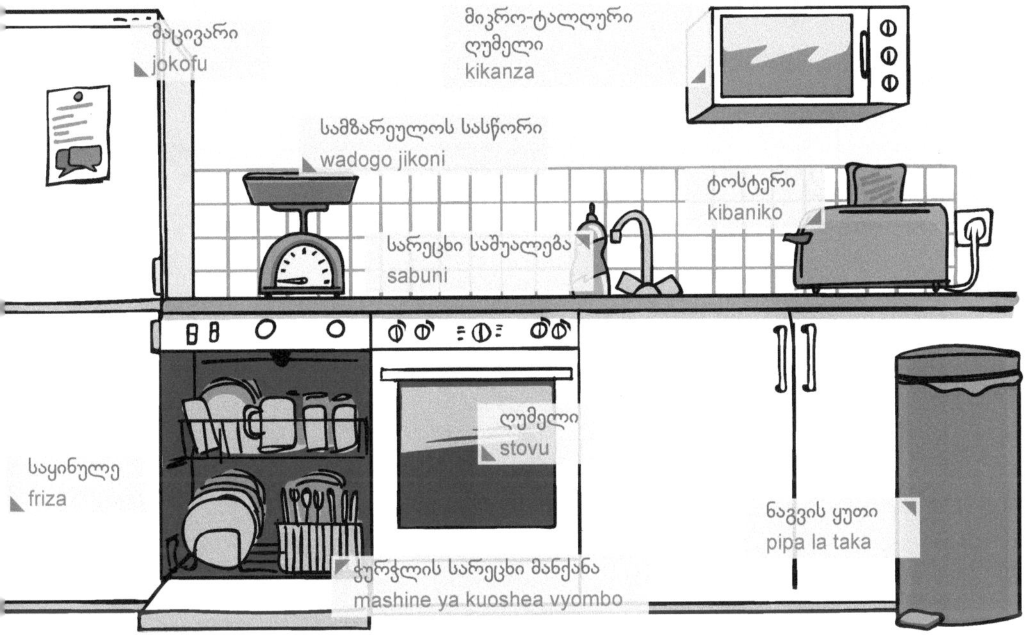

გაზქურა
jiko la kupika

ქოთანი
chungu

თუჯის ქვაბი
sufuria ya chuma

ტაფა ამობერილი ფსკერით
wok / kadai

ტაფა
kaango

ჩაიდანი
birika

სამზარეულო - jikoni

ორთქლსახარში

stima

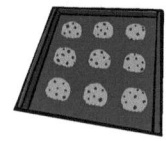

საცხობი ლანგარი

sinia ya kuoka

ჭურჭელი

vyombo vya udongo

კათხა

kombe

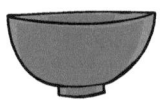

თასი

bakuli

ჩინური ჩხირები

vijiti vya kulia

ჩამჩა

ukawa

ფითხი

mwiko mpana

სათქვეფელა

burashi

საწური

kichujio

საცერი

chujio

სახეხი

mbuzi

სანაყი

chokaa

გრილი

barbeque

კოცონი

moto wazi

დაფა
ubao wa majaribio

საგორავი
kijiti cha kusukuma unga

ბურლი
kizibuo

ქილა
kopo

ქილის გასახსნელი
inaweza kopo

ქოთნის დამჭერი
kishikio cha chungu

ნიჟარა
karo

ფუნჯი
brashi

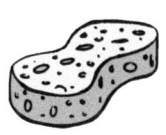

ღრუბელი
sifongo

ბლენდერი
kisagaji matunda

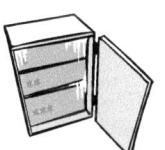

საყინულე კამერა
friji ya kina

საბავშვო ბოთლი
chupa ya mtoto

ონკანი
bomba

აბაზანა

bafu

შხაპი
mfereji wa kuogea
გათბობა
joto
პირსახოცი
taulo
საშხაპე ფარდა
pazia la kuogea
ღრუბლიანი აბანო
maji ya kuoga yenye povu
ვანა
hodhi
ჭიქა
glasi
სარეცხი მანქანა
mashine ya kuosha
ონკანი
bomba
ფილები
vigae
ღამის ქოთანი
poti
ნიჟარა
karo

ტუალეტი

choo

იატაკის ტუალეტი

choo cha squat

ბიდე

beseni la mviringo

კედლის პისუარი

choo cha umma

ტუალეტის ქაღალდი

shashi

ტუალეტის ჯაგრისი

brashi ya choo

კბილის ჯაგრისი

mswaki

კბილის პასტა

dawa ya meno

კბილის ძაფი

dawa ya meno

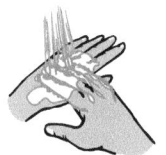

რეცხვა

safisha

ხელის შხაპი

kuoga mkono

ინტიმური შხაპი

msukumo wa maji

ტაშტი

bonde

ზურგის სახეხი ფუნჯი

mpako wa pili

საპონი

sabuni

შხაპის გელი

jeli ya kuogea

შამპუნი

shampuu

ნეჭა

flana

სანიაღვრე

toa maji

კრემი

krimu

დეოდორანტი

kiondoa harufu

სარკე

kioo

ხელის სარკე

kioo mkono

ბრიტვა

kinyozi

საპარსი ქაფი

povu la kunyoa

საშუალება გაპარსვის შემდეგ

baada ya kunyoa

სავარცხელი

kichana

ჯაგრისი

brashi

თმის საშრობი

kikausha nywele

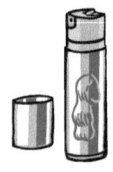

თმის ლაქი

marashi ya nyewele

კოსმეტიკა

vipodozi

ტუჩების პომადა

kidomwa

ფრჩხილის ლაქი

varnish ya msumari

ბამბა

pamba

ფრჩხილის მაკრატელი

mkasi wa kucha

სუნამო

manukato

კოსმეტიკის ჩანთა

mkoba wa kuosha

ტაბურეტი

kinyesi

სასწორი

mizani

სააბაზანო ხალათი

nguo ya kuoga

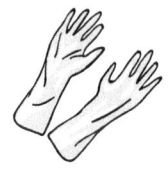

რეზინის ხელთათმანები

glavu za mpira

ტამპონი

kisodo

სანიტარული პირსახოცი

sodo

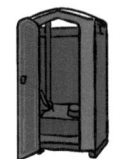

ბიო-ტუალეტი

kemikali choo

საბავშვო ოთახი

chumba ya mtoto

saa ya kengele
რბილი სათამაშო
kidoli cha kupakata
სათამაშო მანქანა
gari bandia
ჩხარუნა სათამაშო
kelele
თოჯინების სახლი
chumba cha midoli
საჩუქარი
sasa

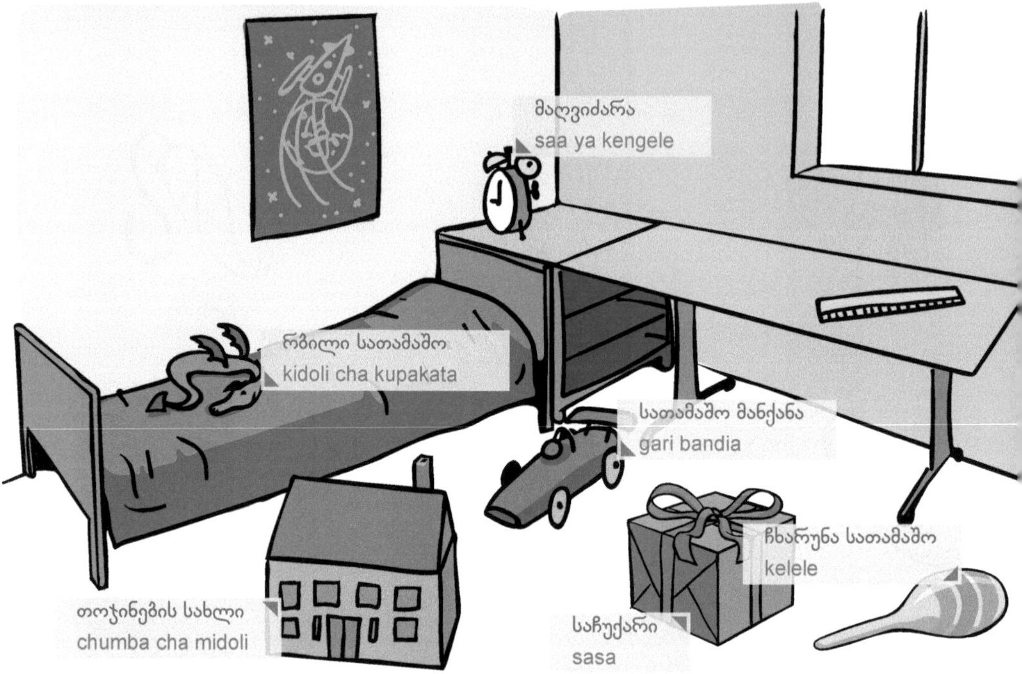

ბუშტი

baluni

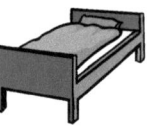

ლოგინი

kitanda

საბავშვო ეტლი

mashua

კარტის თამაში

staha ya kadi

პაზლი

mchezo-fumb

კომიკსი

vichekesho

ლეგოს აგურები

matofali lego

ასაშენებელი კუბიკები

vitalu mwigo

სათამაშო ფიგურა

hatua takwimu

საცოცავი

suti ya kulalia

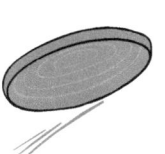

ფრისბი

kisahani

მობილე

simu

სამაგიდო თამაში

ubao wa michezo

კამათელი

kete

რკინიგზის მოდელი

garimoshi mwigo

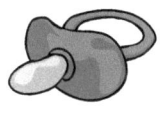

საწოვარა

dummy

წვეულება

chama

წიგნი ნახატებით

picha kitabu

ბურთი

mpira

თოჯინა

kikaragosi

თამაში

kucheza

საქვიშარი

shimo la mchanga

საქანელა

bembea

სათამაშოები

vitu bandia

ვიდეო თამაშის კონსოლი

kiweko cha video ya mchezo

სამთვლიანი ველოსიპედი

baiskeli ya magurudumu

დათუნია

mwanasesere

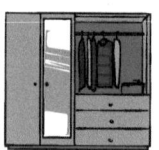

matatu

გარდერობი

kabati

ტანსაცმელი

nguo

წინდები

soksi

ჩულქები

stokingi

კოლგოტები

kibano

შარფი
skafu

ქოლგა
mwavuli

ქამარი
ukanda

მკლავებიანი მაისური
fulana

ჩუსტები
ndara

ფეხსაცმელი
viatu

ბოტასები
wakufunzi

სანდლები
....
malapa

ფეხსაცმელი
....
viatu

რეზინის ჩექმები
....
mabuti ya mpira

ტრუსები
....
suruali ya ndani

ბიუსჰალტერი
....
sidiria

მაისური
....
fulana

სხეული

mwili

შარვალი

suruali

ჯინსი

dangirizi

ქვედაკაბა

sketi

ბლუზი

blauzi

პერანგი

shati

სვიტრი

vuta

კაპიუშონიანი ჟაკეტი

sweta

სპორტული ქურთუკი

bleza

ჟაკეტი

jaketi

პალტო

koti

საწვიმარი

koti la mvua

კოსტუმი

maleba

კაბა

gauni

საქორწილო კაბა

mavazi ya harusi

კაცის კოსტიუმი

....

suti

ღამის პერანგი

....

vazi la usiku

პიჟამოები

....

pajama

სარი

....

sari

თავშალი

....

skafu

ტურბანი

....

kilemba

ჩადრი

....

burka

ხიფთანი

....

kaftan

აბაია

....

abaya

საცურაო კოსტუმი

....

vazi la kuogelea

ჩემოდნები

....

vazi la kiume la kuogelea

შორტები

....

kaptura

სპორტული კოსტიუმი

....

teitei

წინსაფარი

....

aproni

ხელთათმანები

....

glavu

ღილი
kifungo

სათვალეები
glasi

სამაჯური
bangili

ყელსაბამი
mkufu

ბეჭედი
pete

საყურე
herini

კეპი
kofia

საკიდი
kiango cha koti

ქუდი
kofia

ჰალსტუხი
tai

ელვა-შესაკრავის შეკვრა
zipu

ჩაფხუტი
kofia

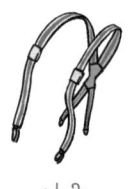

აჭიმი
kanda za suruali

სკოლის ფორმა
sare za shule

ფორმა
sare

გავშვის წინსაფარი

bibu

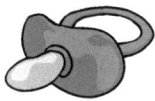

საწოვარა

dummy

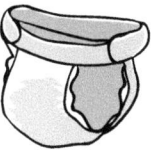

პამპერსი

nepi

ოფისი

ofisi

სერვერი
seva
საკანცელარიო კარადა
kabati la kuweka faili
პრინტერი
kichapishaji
ქაღალდი
karatasi
მონიტორი
kiwambo
თაგვი
kipanya
მაგიდა
dawati
საქაღალდე
folda
კლავიატურა
kibodi
თა ნარჩენი ქაღალდებისათვის
u cha kuweka karatasi chafu
სკამი
kiti
კომპიუტერი
kompyuta

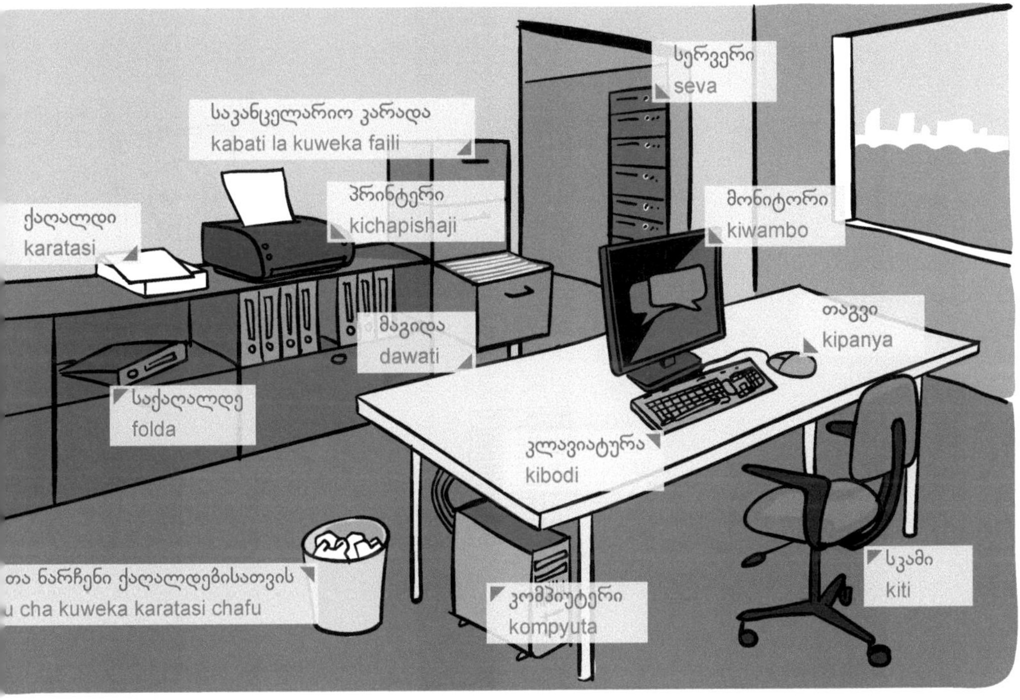

ყავის ფინჯანი

kmobe la kahawa

კალკულატორი

kikokotoo

ინტერნეტი

biashara

ლეპტოპი
mbali

წერილი
barua

მესიჯი
ujumbe

მობილური ტელეფონი
rununu

ქსელი
intaneti

სკანერი
fotokopia

პროგრამული
უზრუნველყოფა
programu

ტელეფონი
simu

როზეტი
soketi

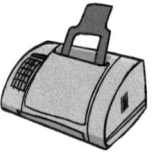

ფაქსის მანქანა
kipepesi

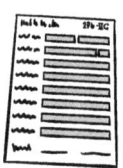

ფორმულარი
fomu

დოკუმენტი
hati

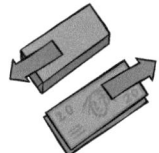

ყიდვა

kununua

გადახდა

kulipa

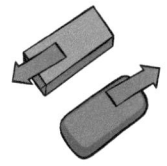

ვაჭრობა

biashara

ფული

fedha

დოლარი

dola

ევრო

yuro

იენი

yeni

რუბლი

rouble

შვეიცარული ფრანკი

faranga ya Uswisi

ჟენმინბი იუანი

renminbi yuan

რუპი

rupia

ბანკომატი

eneo la kulipia

ვალუტის გადაცვლის პუნქტი
ofisi ya ubadilishanaji

ოქრო
dhahabu

ვერცხლი
fedha

ნავთობი
mafuta

ენერგია
nishati

ფასი
bei

ხელშეკრულება
mkataba

გადასახადი
kodi

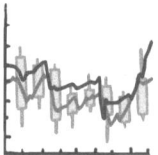

აქცია
bidhaa

მუშაობა
kazi

თანამშრომელი
mfanyakazi

დამსაქმებელი
mwajiri

ქარხანა
kiwanda

მაღაზია
duka

პროფესიები

kazi

პოლიციის ოფიცერი
afisa wa polisi
მეხანძრე
mzimamoto
მზარეული
mpishi
ექიმი
daktari
მფრინავი
rubani

მებაღე

mtunza bustani

დურგალი

seremala

თეთრეულის მკერავი ქალბატონი

mshonaji

მოსამართლე

hakimu

ქიმიკოსი

mwanakemia

მსახიობი

muigizaji

ავტობუსის მძღოლი

dereva wa basi

ტაქსის მძღოლი

dereva wa teksi

მეთევზე

mvuvi

დამლაგებელი ქალბატონი

mwanamke wa kusafisha

სახურავის ოსტატი

mwezekaji

მიმტანი

mhudumu

მონადირე

mwindaji

ფერმწერი

mchoraji

მცხობელი

mwokaji

ელექტრიკოსი

umeme

მშენებელი

mjenzi

ინჟინერი

mhandisi

ყასაბი

mchinjaji

სანტექნიკოსი

fundi bomba

ფოსტალიონი

mwanaposta

ჯარისკაცი
mwanajeshi

არქიტექტორი
msanifu majengo

მოლარე
keshia

ფლორისტი
muuza maua

პარიკმახერი
msusi

კონდუქტორი
kondakta

მექანიკოსი
mekanika

კაპიტანი
nahodha

სტომატოლოგი
daktari wa meno

მეცნიერი
mwanasayansi

რაბინი
rabbi

იმამი
imamu

ბერი
mtawa

სასულიერო პირი
kasisi

იარაღები

zana

ჩაქუჩი
nyundo
ბრტყელტუჩა
koleo
სახრახნისი
bisibisi
ქანჩის გასაღები
spana
ჯიბის სანათი
kurunzi

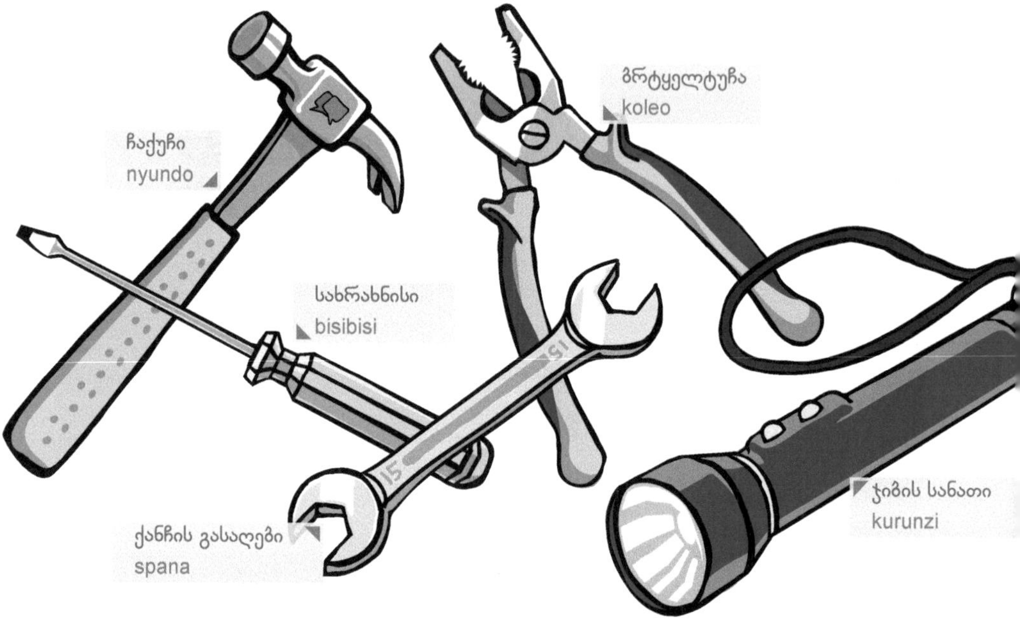

ექსკავატორი

mchimbaji

იარაღების ყუთი

sanduku la vifaa

კიბე

ngazi

ხერხი

msumeno

ლურსმები

misumari

საბურღი

kuchimba visima

შეკეთება

kukarabati

ნიჩაბი

sepetu

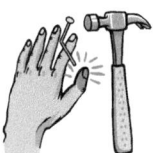

ანდაბა!

Lo!

აქანდაზი

kishikio cha uchafu

საღებავის ქოთანი

chungu cha rangi

ხრახნები

skurubu

მუსიკალური ინსტრუმენტები
ala za muziki

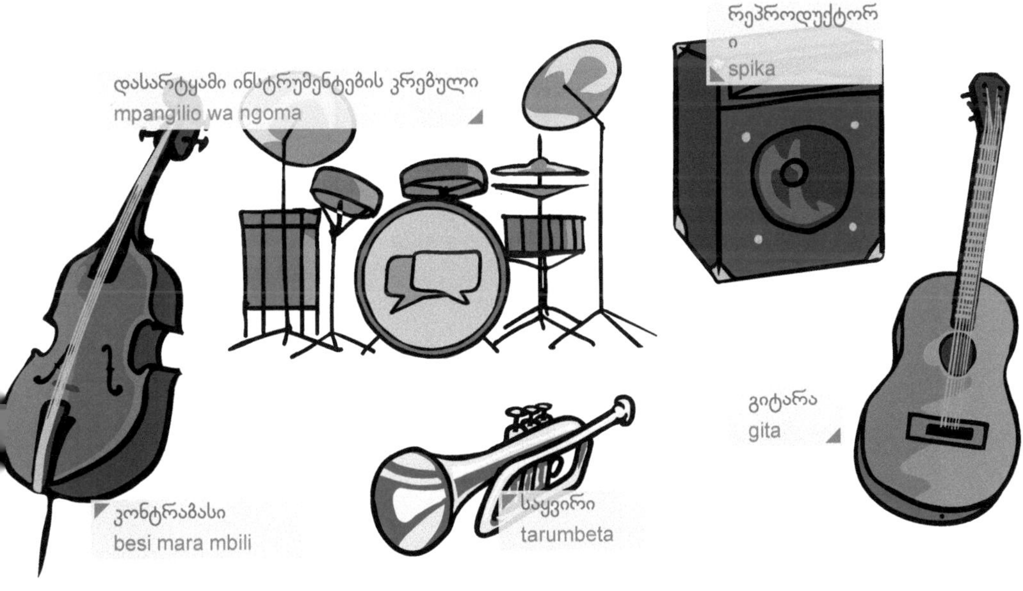

დასარტყამი ინსტრუმენტების კრებული
mpangilio wa ngoma

რეპროდუქტორი
spika

კონტრაბასი
besi mara mbili

საყვირი
tarumbeta

გიტარა
gita

ფორტეპიანო

piano

ვიოლინო

fidla

ბასი

ubeji

ტიმპანონი

timpani

დასარტყამები

ngoma

კლავიშები

kibodi

საქსოფონი

saksafoni

ფლეიტა

filimbi

მიკროფონი

maikrofoni

bustani ya wanyama

ვეფხვი
simbamarara
შესასვლელი
lango la kuingia
გალია
ngome
ზებრა
pundamilia
ცხოველთა საკვები
chakula cha mifugo
პანდა
panda

ცხოველები

wanyama

სპილო

tembo

კენგურუ

kangaruu

მარტორქა

kifaru

გორილა

sokwe

დათვი

dubu

აქლემი
ngamia

სირაქლემა
mbuni

ლომი
simba

მაიმუნი
tumbili

ფლამინგო
heroe

თუთიყუში
kasuku

პოლარული დათვი
dubu

პინგვინი
penguini

ზვიგენი
papa

ფარშევანგი
tausi

გველი
nyoka

ნიანგი
mamba

ზოოპარკის მფლობელი
mtunza wanyama

სელაპი
muhuri

იაგუარი
jaguar

პონი

mwanafarasi

ლეოპარდი

chui

ბეჰემოტი

kiboko

ჟირაფი

twiga

არწივი

tai

ტახი

nguruwe mwitu

თევზი

samaki

კუ

kobe

მორჟი

sili

მელა

mbweha

გაზელი

paa

სპორტი

michezo

ამერიკული ფეხბურთი
soka ya marekani
ველოსპორტი
uendeshaji baiskeli
ჩოგბურთი
tenisi
კალათბურთი
mpira wa kikapu
ცურვა
kuogelea
კრივი
ndondi
ყინულის ჰოკეი
magongo ya barafuni

ფეხბურთი

soka

ბადმინტონი

vinyoya

მძლეოსნობა

riadha

ხელბურთი

mpira wa mikono

სათხილამურო სპორტი

skii

წყლის პოლო

polo

დაცინვა
cheka

გადახტომა
kuruka

ჩახუტება
kumbatia

სეირნობა
kutembea

სიმღერა
kuimba

ოცნებობა
ota ndoto

ლოცვა
kuomba

კოცნა
busu

წერა
kuandika

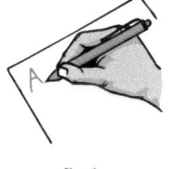

დახატვა
kuteka

ჩვენება
angalia

დაჭერა
sukuma

მიცემა
kutoa

აღება
kuchukua

ქონა
kuwa

კეთება
fanya

ყოფნა
kuwa

დგომა
kusimama

გარბენა
kukimbia

მოქაჩვა
vuta

გადაყრა
kutupa

დაცემა
kuanguka

ტყუილის თქმა
hadaa

მოცდენა
kusubiri

ტარება
kubeba

ჯდომა
kukaa

ჩაცმა
vaa nguo

ძილი
usingizi

გაღვიძება
kuamka

დათვალიერება
kuangalia

ტირილი
lia

გაუთოება
kiharusi

დავარცხნა
chana nywele

ლაპარაკი
ongea

გაგება
kuelewa

შეკითხვა
kuuliza

მოსმენა
kusikiliza

დალევა
kunywa

ჭამა
kula

დალაგება
nadhifisha

ყვარება
upendo

კერძების მზადება
mpishi

სვლა
gari

ფრენა
kuruka

აფრის ქვეშ სიარული

meli

გამოთვლა

kokotoa

წაკითხვა

kusoma

შესწავლა

kujifunza

მუშაობა

kazi

ქორწინება

kuoa

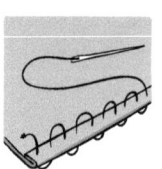

კერვა

kushona

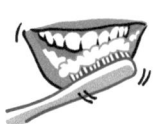

კბილების ხეხვა

piga mswaki

მოკვლა

kuua

მოწევა

moshi

გაგზავნა

kutuma

ბები
bibi

ბაბუა
babu

მამა
baba

დედა
mama

მაგშვი
mtoto

ქალიშვილი
binti

ვაჟიშვილი
bin

სტუმარი
mgeni

დეიდა
shangazi

ბიძა
mjomba

ძმა
kaka

და
dada

სხეული

mwili

შუბლი
paji la uso
თვალი
jicho
მხარი
bega
თითი
kidole
სახე
uso
ნიკაპი
kidevu
ხელი
mkono
ფეხი
mguu
მკერდი
matiti
მკლავი
mkono

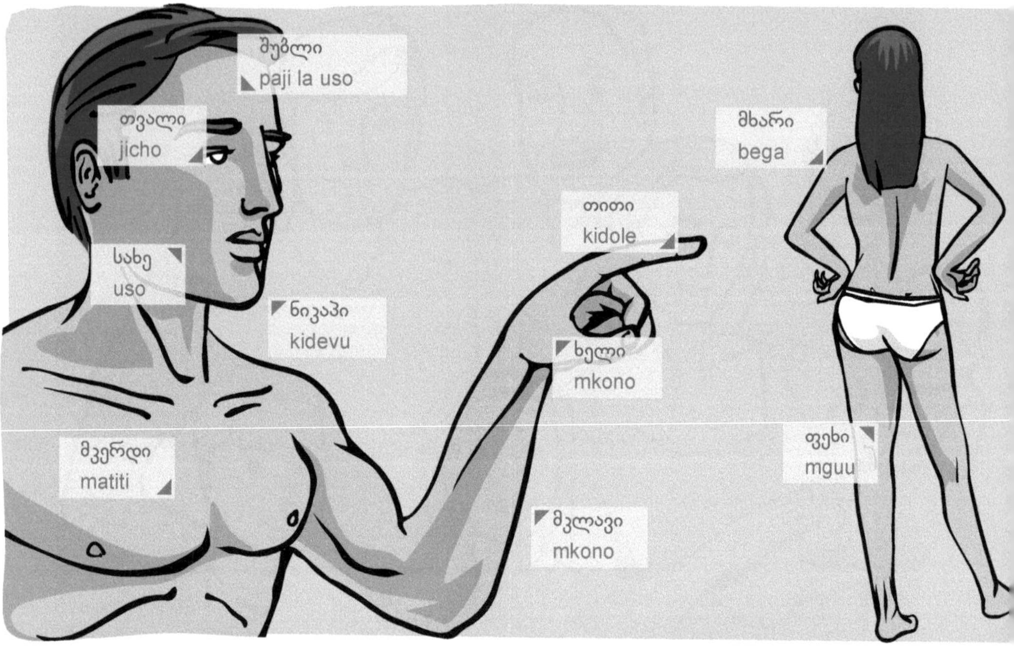

ბავშვი

mtoto

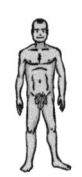

კაცი

mwanamume

ქალი

mwanamke

გოგო

msichana

ბიჭი

mvulana

თავი

kichwa

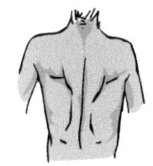

ზურგი

nyuma

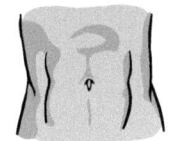

მუცელი

tumbo

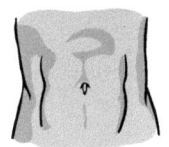

ჭიპი

kitovu

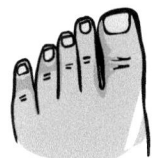

ფეხის თითი

chano

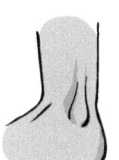

ქუსლი

kisigino

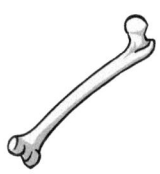

ძვალი

mfupa

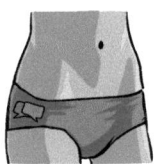

ბარძაყი

nyonga

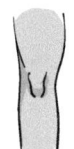

მუხლი

goti

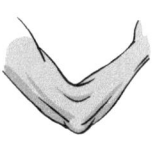

იდაყვი

kiwiko

ცხვირი

pua

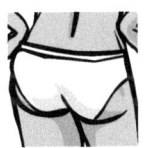

დუნდულა

chini

კანი

ngozi

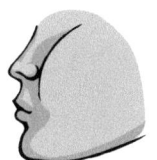

ლოყა

shavu

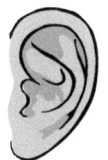

ყური

sikio

ტუჩი

mdomo

პირი

kinywa

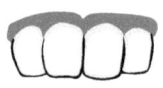

კბილი

jino

ენა

ulimi

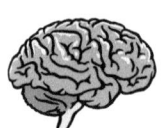

ტვინი

ubongo

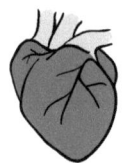

გული

moyo

კუნთი

misuli

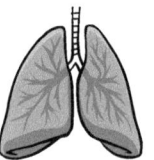

ფილტვი

pafu

ღვიძლი

ini

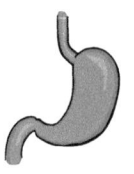

კუჭი

tumbo

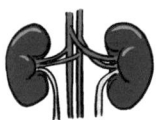

თირკმელები

figo

სექსი

jinsia

პრეზერვატივი

kondomu

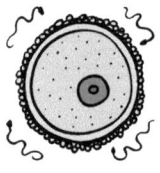

კვერცხუჯრედი

ovari

სპერმა

shahawa

ორსულობა

mimba

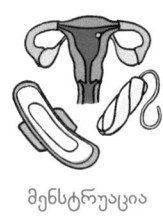

მენსტრუაცია

hedhi

საშო

uke

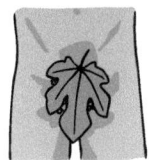

პენისი

uume

წარბი

unyusi

თმა

nywele

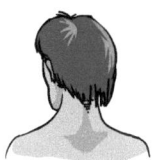

კისერი

shingo

საავადმყოფო
hospitali

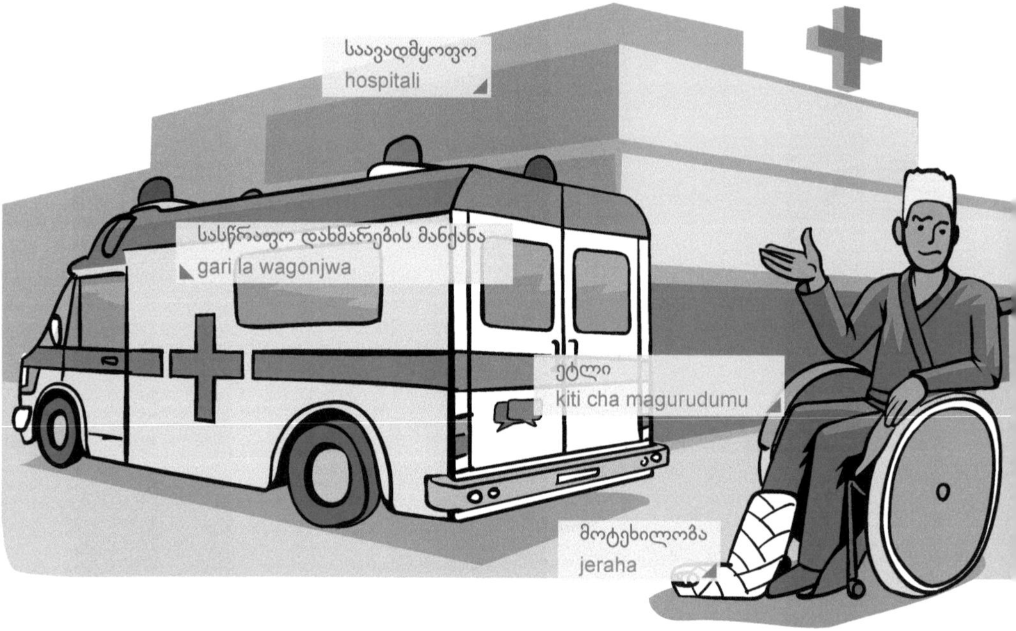

საავადმყოფო
hospitali
სასწრაფო დახმარების მანქანა
gari la wagonjwa
ეტლი
kiti cha magurudumu
მოტეხილობა
jeraha

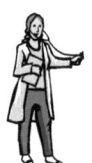

ექიმი

daktari

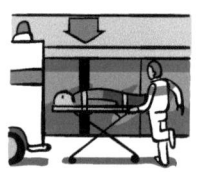

პირველი დახმარების ოთახი

chumba cha dharura

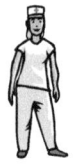

მედდა

muuguzi

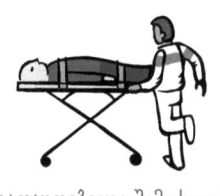

გადაუდებელი შემთხვევა

dharura

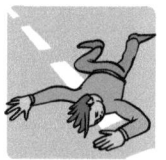

უგონოდ მყოფი

kupoteza fahamu

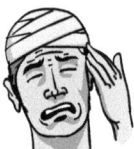

ტკივილი

maumivu

დაზიანება

kuumia

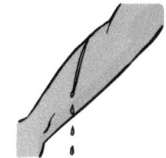

სისხლდენა

kutokwa na damu

გულის შეტევა

mshtuko wa moyo

ინსულტი

kiharusi

ალერგია

mzio

ხველა

kikohozi

ცხელება

homa

გრიპი

mafua

დიარეა

kuharisha

თავის ტკივილი

maumivu ya kichwa

კიბო

kansa

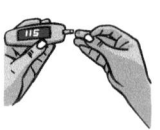

დიაბეტი

ugonjwa wa kisukari

ქირურგი

daktari mpasuaji

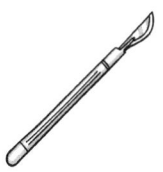

სკალპელი

kisu kidogo cha kupasulia

ოპერაცია

operesheni

კტ

picha changanufu ya mwili

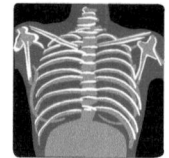

რენტგენი

Eksrei

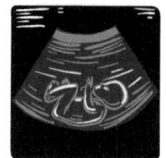

ულტრაბგერა

mawimbi sauti

ნიღაბი

barakoa ya uso

დაავადება

ugonjwa

მოსაცდელი ოთახი

chumba cha kusubiri

ყავარჯენი

mkongojo

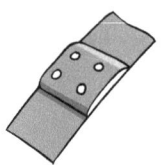

თაბაშირი

plasta

ბინტი

bendeji

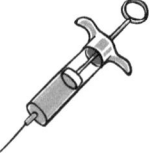

ინექცია

sindano

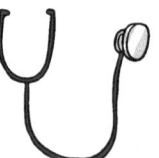

სტეტოსკოპი

stetoskopu

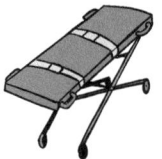

საკაცე

machela

თერმომეტრი

kipimajoto cha kliniki

დაბადება

kuzaliwa

ჭარბი წონა

unene kupita kiasi

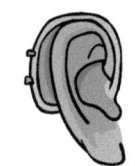

სმენის აპარატი

kusikia misaada

სადეზინფექციო საშუალება

kipukusi

ინფექცია

maambukizi

ვირუსი

virusi

აივ / შიდსი

VVU / UKIMWI

წამალი

dawa

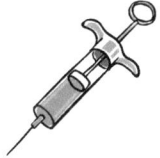

ვაქცინაცია

chanjo

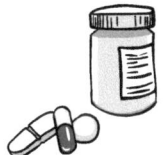

ტაბლეტები

vidonge

აბი

kidonge

გადაუდებელი გამოძახება

simu ya dharura

წნევის საზომი აპარატი

haemodainamometa

ავადმყოფი / ჯანმრთელი

mgonjwa / mwenye afya

გადაუდებელი შემთხვევა
dharura

დამეხმარეთ!

Msaada!

განგაში

kengele

თავდასხმა

pigo

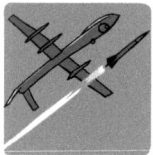

შეტევა

shambulizi

საფრთხე

hatari

სათადარიგო გასასვლელი

lango la dharura

ხანძარი!

Moto!

ცეცხლსაქრობი

kizima moto

უბედური შემთხვევა

ajali

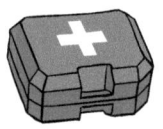

პირველადი დახმარების აფთიაქი

vifaa vya huduma ya kwanza

SOS

wito wa msaada

პოლიცია

polisi

ევროპა

Ulaya

ჩრდილოეთ ამერიკა

Amerika ya Kaskazini

სამხრეთ ამერიკა

Amerika ya Kusini

აფრიკა

Afrika

აზია

Asia

ავსტრალია

Australia

ატლანტიკა

Atlantiki

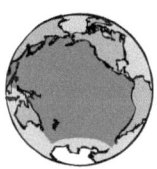

წყნარი ოკეანე

Pasifiki

ინდოეთის ოკეანე

Bahari ya Hindi

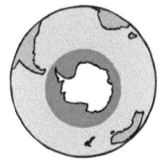

ანტარქტიკის ოკეანე

Bahari ya Antaktiki

ჩრდილოეთის ყინულოვანი
ოკეანე

Bahari ya Aktiki

ჩრდილოეთ პოლუსი

Ncha ya Kaskazini

სამხრეთ პოლუსი

Ncha ya Kusini

ანტარქტიდა

Antaktika

დედამიწა

dunia

ხმელეთი

nchi

ზღვა

bahari

კუნძული

kisiwa

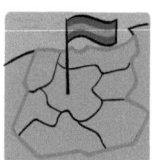

ერი

taifa

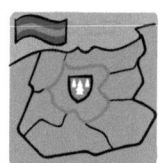

სახელმწიფო

jimbo

დედამიწა - dunia

საათი

saa

ციფერბლატი

uso wa saa

საათების ისარი

akrabu ya saa

წუთების ისარი

akrabu ya dakika

წამების ისარი

akrabu ya sekunde

რომელი საათია?

Ni saa ngapi?

დღე

siku

დრო

wakati

ახლა

sasa

ციფრული საათი

saa ya dijitali

წუთი

dakika

საათი

saa

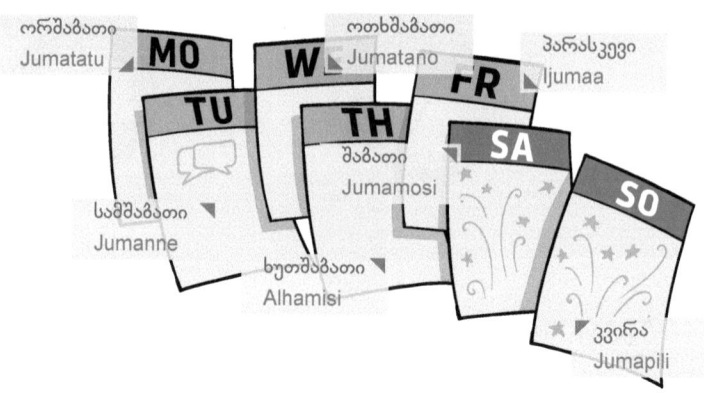

ორშაბათი — Jumatatu
ოთხშაბათი — Jumatano
პარასკევი — Ijumaa
შაბათი — Jumamosi
სამშაბათი — Jumanne
ხუთშაბათი — Alhamisi
კვირა — Jumapili

გუშინ
jana

დღეს
leo

ხვალ
kesho

დილა
asubuhi

შუადღე
saa sita mchana

საღამო
jioni

სამუშაო დღეები
siku za biashara

შაბათი-კვირა
mwishoni mwa wiki

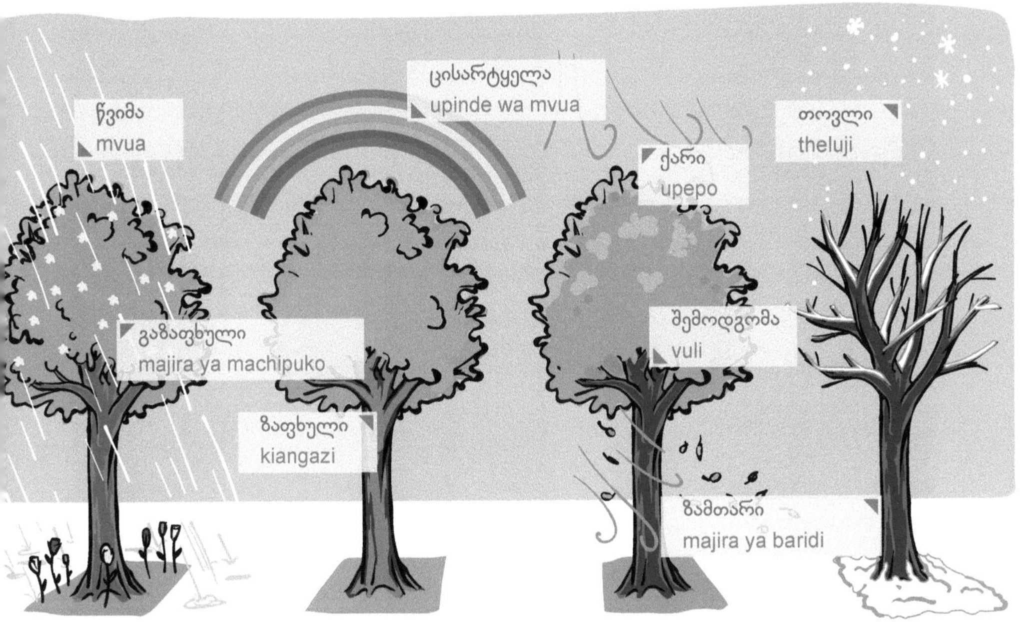

წვიმა
mvua
ცისარტყელა
upinde wa mvua
თოვლი
theluji
ქარი
upepo
გაზაფხული
majira ya machipuko
შემოდგომა
vuli
ზაფხული
kiangazi
ზამთარი
majira ya baridi

4.APRIL 11°
5.APRIL 4°
6.APRIL 13°
7.APRIL 8°
8.APRIL 10°

ამინდის პროგნოზი

utabiri wa hali ya hewa

F C
120 40
90 30
60 20
30 10
0 0
-30 -10
-20

თერმომეტრი

kipimajoto

მზის სხივი

mwanga wa jua

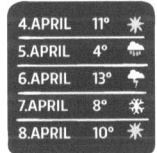

ღრუბელი

wingu

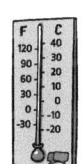

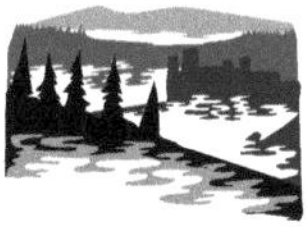

ნისლი

ukungu

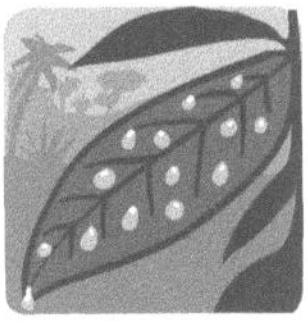

ტენიანობა

unyevu

ელვა
....
umeme

ქუხილი
....
radi

შტორმი
....
dhoruba

სეტყვა
....
mvua ya mawe

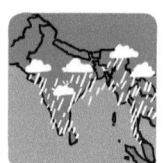

მუსონი
....
monsuni

წყალდიდობა
....
mafuriko

ყინული
....
barafu

იანვარი
....
Januari

თებერვალი
....
Februari

მარტი
....
Machi

აპრილი
....
Aprili

მაისი
....
Mei

ივნისი
....
Juni

ივლისი
....
Julai

აგვისტო
....
Agosti

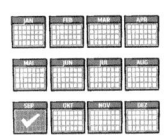

სექტემბერი
....
Septemba

ოქტომბერი
....
Oktoba

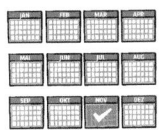

ნოემბერი
....
Novemba

დეკემბერი
....
Desemba

ფორმები
maumbo

წრე
....
mduara

კვადრატი
....
mraba

მართკუთხედი
....
mstatili

სამკუთხედი
....
pembetatu

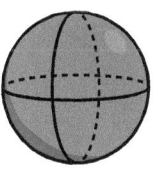

სფერო
....
nyanja

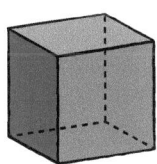

კუბი
....
mchemraba

ფერები

rangi

თეთრი

nyeupe

ყვითელი

manjano

ნარინჯისფერი

chungwa

ვარდისფერი

rangi ya waridi

წითელი

nyekundu

იისფერი

hudhurungi

ცისფერი

bluu

მწვანე

kijani

ყავისფერი

hanja

ნაცრისფერი

jivujivu

შავი

nyeusi

საპირისპიროები

kinyume

ბევრი / ცოტა

mengi / kidogo

გაბრაზებული / მშვიდი

hasira / pole

ლამაზი / მახინჯი

nzuri / mbaya

დასაწყისი / დასასრული

mwanzo / mwisho

დიდი / პატარა

kubwa / ndogo

ნათელი / მუქი

angavu / giza

ძმა / და

kaka / dada

სუფთა / ჭუჭყიანი

safi / chafu

სრული / არასრული

kamilika / tokamilika

დღე / ღამე

siku / usiku

მკვდარი / ცოცხალი

wafu / hai

განიერი / ვიწრო

pana / nyembamba

საჭმელად ვარგისი /
საჭმელად უვარგისი

kulika / kutolika

ბოროტი / კეთილი

ovu / ema

შთამბეჭდავი / მოსაწყენი

sisimkwa / udhika

სქელი / თხელი

nene / nyembamba

პირველი / ბოლო

kwanza / mwisho

მეგობარი / მტერი

rafiki / adui

სრული / ცარიელი

jaa / tupu

მყარი / რბილი

ngumu / laini

მძიმე / მსუბუქი

nzito / nyepesi

მოშიებული / მწყურვალე

njaa / kiu

ავადმყოფი / ჯანმრთელი

mgonjwa / mwenye afya

არალეგალური /
ლეგალური

haramu / kisheria

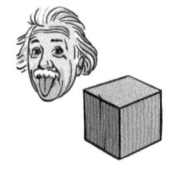

ინტელექტუალი / სულელი

akili / kijinga

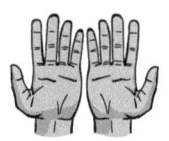

მარცხენა / მარჯვენა

kushoto / kulia

ახლოს / შორს

karibu / mbali

ახალი / გამოყენებული

mpya / kutumika

არაფერი / რაღაცა

kitu / jambo

მოხუცი / ახალგაზრდა

zee / changa

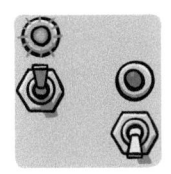

ჩართვა / გამორთვა

waka / zima

ღია / დახურული

wazi / fungwa

ჩუმი / ხმამაღალი

utulivu / kelele

მდიდარი / ღარიბი

tajiri / masikini

მართალი / მტყვანი

sahihi / kosa

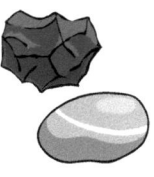

უხეში / გლუვი

mbaya / laini

სევდიანი / ბედნიერი

huzunika / furahia

მოკლე / გრძელი

fupi /ndefu

ნელი / სწრაფი

polepole / haraka

სველი / მშრალი

nyevu / kavu

თბილი / გრილი

joto / baridi

ომი / მშვიდობა

vita / amani

რიცხვები
nambari

0	1	2
ნული	ერთი	ორი
sufuri	moja	mbili
3	4	5
სამი	ოთხი	ხუთი
tatu	nne	tano
6	7	8
ექვსი	შვიდი	რვა
sita	saba	nane
9	10	11
ცხრა	ათი	თერთმეტი
tisa	kumi	kumi na moja

12

თორმეტი

kumi na mbili

13

ცამეტი

kumi na tatu

14

თოთხმეტი

kumi na nne

15

თხუთმეტი

kumi na tano

16

თექვსმეტი

kumi na sita

17

ჩვიდმეტი

kumi na saba

18

თვრამეტი

kumi na nane

19

ცხრამეტი

kumi na tisa

20

ოცი

ishirini

100

ასი

mia

1.000

ათასი

elfu

1.000.000

მილიონი

milioni

ინგლისური
Kiingereza

ამერიკული ინგლისური
Kiingereza cha Marekani

ჩინური მანდარინი
Kimandarini cha Uchina

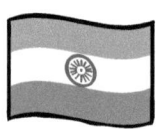

ჰინდი
Kihindi

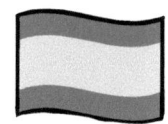

ესპანური
Kihispania

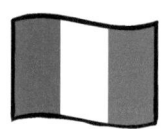

ფრანგული
Kifaransa

არაბული
Kiarabu

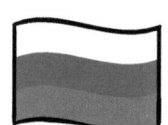

რუსული
Kirusi

პორტუგალიური
Kireno

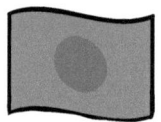

ბენგალური
Kibengali

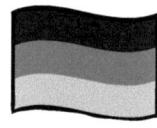

გერმანული
Kijerumani

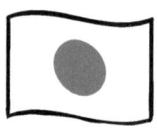

იაპონური
Kijapani

ვინ / რა / როგორ
ambao / nini / jinsi

მე

mimi

შენ

wewe

ის / ის / იგი

yeye / yeye / ni

ჩვენ

sisi

თქვენ

wewe

ისინი

wao

ვინ?

nani?

რა?

nini?

როგორ?

jinsi gani?

სად?

wapi?

როდის?

lini?

სახელი

jina

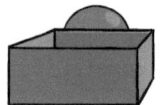

სად
wapi

უკან

nyuma

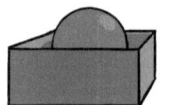

შიგნით

katika

წინ

mbele ya

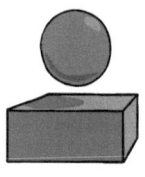

ზედ

juu ya

=-ზე

kwenye

ქვეშ

chini ya

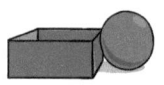

გვერდით

kando

შორის

kati

ადგილი

mahali